yukismart.com/b/604a76
AF364836
1
2

pomme

яблуко
iabluko

banane

банан
banan

poire

груша
hrusha

cerise

вишня
vyshnia

citron vert

лайм
laim

citron

лимон
lymon

coing

айва
aiva

kiwi

ківі
kivi

raisins

виноград
vynohrad

pastèque

кавун
kavun

orange

апельсин
apelsyn

clémentine

клементин
klementyn

fraise

полуниця
polunytsia

framboise

малина
malyna

canneberge

журавлина
zhuravlyna

myrtille

чорниця
chornytsia

groseille

смородина
smorodyna

mûre

ожина
ozhyna

jus

сік
sik

confiture

варення
varennia

tartine

тост
tost

pamplemousse

грейпфрут
hreipfrut

melon

диня
dynia

pomelo

помело
pomelo

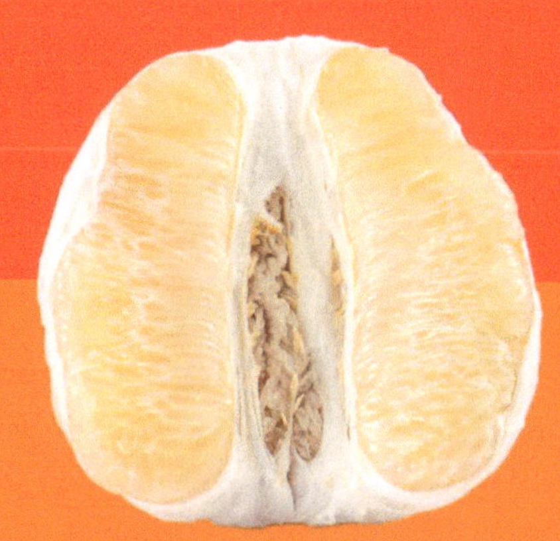

kumquat

кумкват
kumkvat

mirabelle

мірабель
mirabel

pêche

персик
persyk

abricot

абрикос
abrykos

prune

слива
slyva

ananas

ананас
ananas

grenade

гранат
hranat

olive

оливка
olyvka

figue

інжир
inzhyr

date

фінік
finik

avocat

авокадо
avokado

litchi

лічі
lichi

kaki

хурма
khurma

carambole

карамболь
karambol

mangue

манго
manho

ramboutan

рамбутан
rambutan

longane

лонган
lonhan

langsat

лангсат
lanhsat

mangoustan

мангостан
manhostan

jacquier

джекфрут
dzhekfrut

sapotille

саподіла
sapodila

goyave

гуава
huava

jujube

ююба
iuiuba

durian

дуріан
durian

corossol

соу-сеп
sou-sep

papaye

папайя
papaiia

fruit du dragon

пітая
pitaia

noix de coco

кокосовий горіх
kokosovyi horikh

cacao

какао
kakao

chocolat

шоколад
shokolad

pomme de terre

картопля
kartoplia

maïs

кукурудза
kukurudza

patate douce

Коренеплоди батату
Koreneplody batatu

citrouille

гарбуз
harbuz

butternut

гарбуз мускатний
harbuz muskatnyi

manioc

маніок
maniok

carotte

морква
morkva

tomate

помідор
pomidor

champignon

гриб
hryb

brocoli

броколі
brokoli

asperge

спаржа
sparzha

artichaut

артишок
artyshok

concombre

огірок
ohirok

épinard

шпинат
shpynat

chou-fleur

цвітна капуста
tsvitna kapusta

courgette

Кабачок-цукіні
Kabachok-tsukini

salade

салат-латук
salat-latuk

chou

капуста
kapusta

aubergine

баклажан
baklazhan

navet

ріпа
ripa

radis

редиска
redyska

betterave

буряк
buriak

rhubarbe

ревінь
revin

chou de Bruxelles

Брюссельська капуста
Briusselska kapusta

poireau

цибуля-порей
tsybulia-porei

menthe

м'ята
m'iata

céleri-rave

корінь селери
korin selery

endive

цикорій салатний
tsykorii salatnyi

céleri

селера
selera

petits pois

горошинки
horoshynky

pois chiches

нут
nut

haricot vert

стручкова квасоля

struchkova kvasolia

haricot rouge

червона квасоля

chervona kvasolia

haricot mungo

паростки квасолі мунго

parostky kvasoli munho

fenouil

фенхель
fenkhel

panais

пастернак
pasternak

poivron

болгарський перець

bolharskyi perets

piment

перець чилі

perets chyli

poivre

перець

perets

oignon

цибуля
tsybulia

ail

часник
chasnyk

gingembre

імбир
imbyr

noix de macadamia

макадамія
makadamiia

noix de pécan

горіхи пекан
horikhy pekan

noix de cajou

кеш'ю
kesh'iu

noisettes

фундук
funduk

amande

мигдаль
myhdal

pistache

фісташки
fistashky

cacahuète

арахіс
arakhis

châtaigne

каштан
kashtan

noix

волоські горіхи
voloski horikhy

www.ingramcontent.com/pod-product-compliance
Lightning Source LLC
LaVergne TN
LVHW071637180726
843512LV00002B/329